FIRST AID EDUCATION
IN SCHOOLS
学校急救教育

U1013361

学校急救教育

小学

中国教育装备行业协会
中国教育科学研究院课程教材研发中心 组织编写

教育科学出版社
·北京·

出 版 人　郑豪杰
责任编辑　孔明丽　李馨宇　周　霄
版式设计　锋尚设计　王　辉
责任校对　翁婷婷
责任印制　叶小峰

图书在版编目（CIP）数据

学校急救教育．小学 / 中国教育装备行业协会，中国教育科学研究院课程教材研发中心组织编写．—北京：教育科学出版社，2024.5
ISBN 978-7-5191-3846-2

Ⅰ.①学…　Ⅱ.①中…②中…　Ⅲ.①急救—安全教育—小学—教学参考资料　Ⅳ.① G624.103

中国国家版本馆 CIP 数据核字（2024）第 060004 号

学校急救教育　小学
XUEXIAO JIJIU JIAOYU　XIAOXUE

出版发行	教育科学出版社		
社　　址	北京・朝阳区安慧北里安园甲 9 号	**邮　　编**	100101
总编室电话	010-64981290	**编辑部电话**	010-64981321
出版部电话	010-64989487	**市场部电话**	010-64989009
传　　真	010-64891796	**网　　址**	http://www.esph.com.cn
经　　销	各地新华书店		
制　　作	北京锋尚制版有限公司		
印　　刷	河北巴彩丰包装制品有限公司		
开　　本	787 毫米 ×1092 毫米　1/16	**版　　次**	2024 年 5 月第 1 版
印　　张	6.25	**印　　次**	2024 年 5 月第 1 次印刷
定　　价	25.00 元		

图书出现印装质量问题，本社负责调换。

编 委 会

本书主编：夏国明

本书副主编：陈怡绮　李梦莹

本书编委：李　孟　陈怡绮　李晓梦　王　燕

专业顾问：李宗浩　王革新　何裕隆　曹　钰　张晓华

目录

第一章 学校急救基础知识

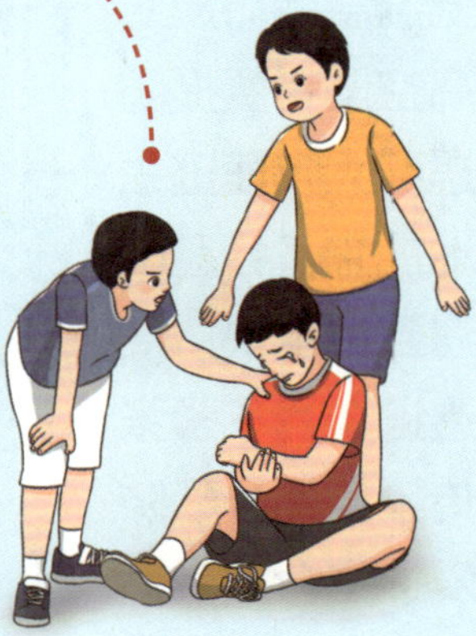

第二章 学校日常急症处理

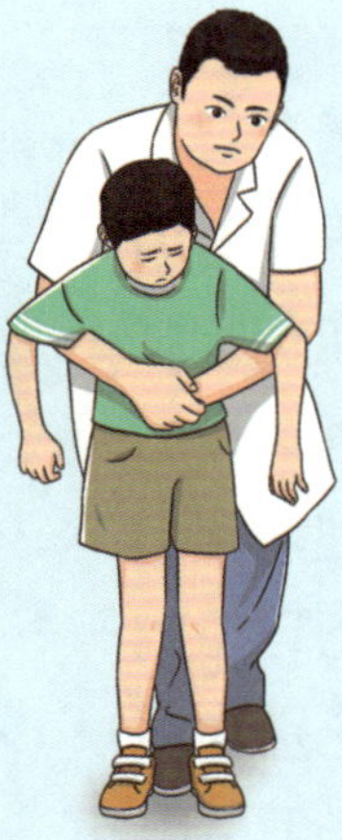

第三章 学校意外伤害处理

第一章 学校急救基础知识

1 生命健康最重要

秋风拂过脸庞，阳光洒满了校园，五年级2班的教室里热闹不已，一场别开生面的“生命健康最重要”主题班会，拉开了新学期的序幕。

生命健康最重要

健康小课堂

健康的行为与生活方式、疾病预防与心理健康、生长发育与青春期保健、安全应急与避险……，这些对于我们的成长都起着至关重要的作用。

我们要了解更多的健康生活方式，形成健康意识；了解营养对促进生长发育的重要性，养成良好的饮食卫生习惯；了解毒品、烟酒的危害，远离毒品，拒绝烟酒；学习预防常见传染病的基本知识和方法，做好健康防护；掌握基础的安全常识，提高自我保护的能力；加强体育锻炼，提升身体素质；正确认识压力，树立尊重生命、健康第一的意识。

让我来帮你

1. 养成良好的卫生习惯，勤洗手，保持口腔卫生，定期洗澡，勤换衣，均衡饮食。
2. 积极参加体育运动，培养运动能力，养成规律运动的好习惯，增强体质。
3. 树立卫生防病意识，饭前便后要洗手，咳嗽、打喷嚏要遮挡。
4. 保持积极、乐观的心态，正确面对压力和挫折，培养自信、开朗的性格。
5. 增强安全意识，爱护自己的身体，远离各种危险。

健康生活好习惯，积极运动强体质。
尊重生命放首位，安全健康最重要。

2 急救意识要培养

健康课上，校医秦老师问同学们："大家知道哪些急救知识呢?"

阳阳迫不及待地举手说："发现有人倒地要及时拨打120!""没错，还有吗?"其他同学纷纷举手："发现有人晕倒，要立即呼救。""我知道在哪里可以拿到自动体外除颤器（AED）!""伤口出血了，要进行止血!"欣欣说道，"可是，我不知道要怎么做。"

秦老师欣慰地点点头，说道："这学期，我会带领大家一起学习更多的急救知识。不过，最关键的是，我们要从小培养急救意识。"

从小培养急救意识

健康小课堂

急救意识是当有人突发急症或出现紧急事件时，同学们能及时判断现场状况，进而做出正确的反应。意外总在不经意间发生，事故来临永远不会事先告知。因此，我们必须掌握基本的急救知识，培养和提高自己的急救意识，以便在危急时刻保护好自己，并力所能及地帮助周围的人。

让我来帮你

1. 牢记急救电话120，火警电话119，公安报警电话110；遇到紧急情况，及时拨打求助电话。
2. 知道校园和家里的急救箱的位置，知道校园、地铁站等自己常去的公共场所中AED的位置。
3. 进入公共场所，要注意观察安全出口和疏散通道。
4. 学会识别危险状况，自觉远离危险区域，避开危险情况。
5. 学习、掌握一些急救基础知识，让急救成为自己的一项基本技能。

急救意识早培养，急救知识记心间。
遇惊遇险不慌张，沉着应对保平安。

3 心理健康需重视

最近，班主任陈老师发现佳佳的情绪有点低落，变得不爱说话了，也不与同学们一起玩耍，总是一个人待着。陈老师带着佳佳来到了学校的“心灵空间”，和佳佳认真地聊了好久。

原来佳佳上学期期末考试成绩很不理想，感觉辜负了爸爸妈妈的期待，因此假期里也没敢放松学习。新学期开始后，课业难度有所提升，佳佳觉得有点吃力，生怕自己再考不好。

陈老师认真倾听了佳佳的困扰，告诉她每个人都不是完美的，都有优点，也有缺点；成长中的我们要学会欣赏自己身上的闪光点，接受自己的不完美，进而更好地接纳自己；要相信通过自己的努力，一定可以成为更好的自己。聊天结束后，佳佳开心了许多，决定回家跟爸爸妈妈好好聊一聊。

心理咨询

健康小课堂

生活中，我们除了要注意身体健康，还要对自己的心理健康予以特别关注。就像身体会感冒一样，我们的情绪也会“感冒”。如果在一段时间里持续感到不开心、心情低落、消沉、自卑……，一定要告诉老师、家长或者最要好的朋友。此外，参加体育运动、公益活动，多交知心朋友，培养自己的兴趣爱好等，都能使人愉悦和放松。如果有同学告诉你，他最近情绪有点低落时，也请你伸出关怀的双手，倾听和陪伴他，或请班主任和心理老师帮助，大家的关怀能为他扫去心灵的阴霾。

让我来帮你

1. 如果长时间感到不开心，可以到学校的心理咨询室或找自己的班主任聊一聊。
2. 如果一段时间里感到情绪低落、身体疲惫、不能集中注意力，对什么都提不起兴趣，一定要及时告诉身边的亲人、老师、朋友。

心理健康很重要，学生老师都需要。
遇到问题不用慌，预防解决有妙招。
负面情绪远离我，健康生活心情好。

4 安全守护在身边

今天，校医秦老师给大家上了一堂非常特别的健康主题课。今天主题课的主角可不是秦老师，而是担任“今日小老师”的同学们。几个“小老师”带领同学们学习了校园安全防护知识，还一起寻找、认识了校园里的安全标识。

“小老师们”个个神气十足，都拿出了看家本领。有的教大家正确拨打急救电话，有的带着大家认识校园里的安全标识，有的则分享地震逃生的自救方法……。其他同学也不甘落后，积极和“小老师们”互动，还分享了自己的看法。大家在这堂课上收获满满。

健康小课堂

日常生活中，难免有意外发生。为了救护生命，在我国，除了医院、社区卫生服务中心，还设置有院前急救系统，也就是我们熟悉的“120急救”。在校园里，有校医守护我们的健康和安全；还有配备了急救箱和各种常用急救药品的医务室，更有救命重器AED为我们保驾护航。因此，我们要知道什么时候、在哪里、如何获得帮助，以及急救物品的位置、如何使用等。

让我来帮你

1. 120院前急救系统最大限度地缩短了病患得到救治的时间，学会正确拨打120急救电话是关键。
   - 保持冷静，准确告诉急救中心发生了什么情况，包括几人受伤、简单的伤情，以及详细位置等信息。
   - 留下自己的联系方式，与120急救人员保持持续沟通；见到救护车后挥手示意，带领急救人员迅速到达急救地点。
2. 认识校园中的安全标识。

紧急出口

灭火器

3. 知晓学校医务室的位置，发生意外或疾病及时寻求校医的帮助。
4. 知晓AED在校园里的位置，危急时刻可以获取AED。

危机发生别慌张，安全守护在身边。
多留心来多观察，关键时刻保平安。

5 应对意外需冷静

课外活动时间，五年级2班的同学正在操场上踢足球。突然，足球划出一道弧线直逼球门，守门员小成拼尽全力，张开双手将足球扑出了球门，他也因为失去重心狠狠摔在了地上，顿时左手腕传来一阵剧痛，定睛一看，撑地的左手腕已经变形。小成托住手腕，有点不知所措。同学们赶紧围了上来，明明大叫道：“这可怎么办？”贝贝也凑过来说：“会不会骨折了？”同学们七嘴八舌，小成被吓得哭了起来。队长欣欣镇静地对同学们说：“大家都往后撤一点，千万别移动他，我去找校医秦老师来。”

应对意外不慌张

健康小课堂

生活中遇到意外事件时，千万不要惊慌。在保证自己安全的前提下，要及时寻求帮助。可以和身边的同学分工合作，比如“明明，你负责看好小成，不要让大家移动他”“乐乐，你去找老师”。不要盲目自救或施救，万一方法错误，可能会造成二次伤害。

学习急救常识，不仅可以自救，还可以正确施救，更让我们乐于施救、敢于施救和善于施救。

注意事项

1. 现场急救时，首先要观察周围环境是否安全，在确保自己和伤者安全的情况下才可以施救。
2. 只有熟练掌握急救知识和技能，才能在意外发生时冷静处理。

确保安全离危险，自救施救有防护。
认真学习备预案，发生意外不惊慌。

6 做好防护保健康

一份针对115万在校学生体质健康的调查数据监测显示，全国学生体质健康“不及格率”基本呈现下降趋势，但视力、肥胖相关数据却在不断上升。《中国居民膳食指南（2022）》显示，我国6岁以下儿童和6—17岁儿童青少年的超重肥胖率分别达到10.4%和19%，且超重肥胖率逐年增加，平均每5个孩子中就有1个“小胖墩”。

健康小课堂

现代医学表明：健康的身体不仅取决于先天遗传因素，还会受到后天的生活习惯、饮食习惯的影响。健康的生活习惯对于我们身心的健康成长至关重要。小学生正处于养成良好习惯的黄金时期，无论是在学校还是在家里，都要养成良好的生活习惯。好的生活习惯不仅可以提高自身保护能力，还可以成为抵御病毒细菌的强大“武器”和“保护伞”，使每个人都受益终身。

让我来帮你

1. 勤洗手，勤洗澡，勤剪指甲，勤理发。
2. 早晚用流动的清水洗脸，不与别人共用毛巾、脸盆等个人物品。
3. 注意环境卫生，不乱扔垃圾、不随地大小便、吐痰。勤打扫，保持生活环境清洁。
4. 注意饮食卫生，不吃没有卫生保障、来历不明的食品，不吃没有清洗干净的食物，不喝生水。
5. 注意用眼卫生。不在强光下看书，不在行驶的车上看书，不躺着看书，不用脏手揉眼睛。
6. 少去人员密集的场所。
7. 保持良好的运动习惯，增强体质。
8. 保证睡眠充足，规律作息，增强免疫力。

注意事项

1. 七步洗手法：“内外夹弓大立腕”。

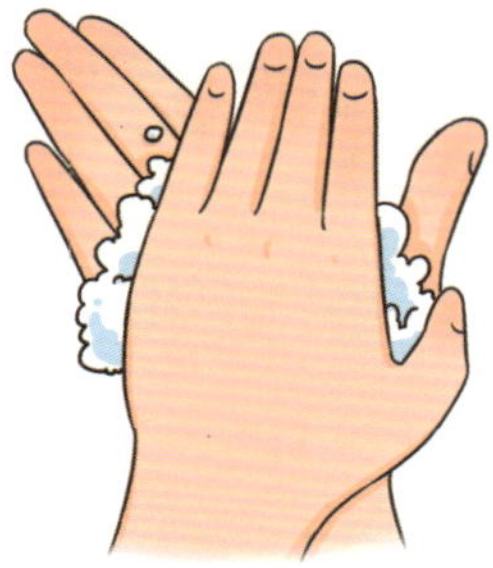

掌心相对，手指并拢相互揉搓

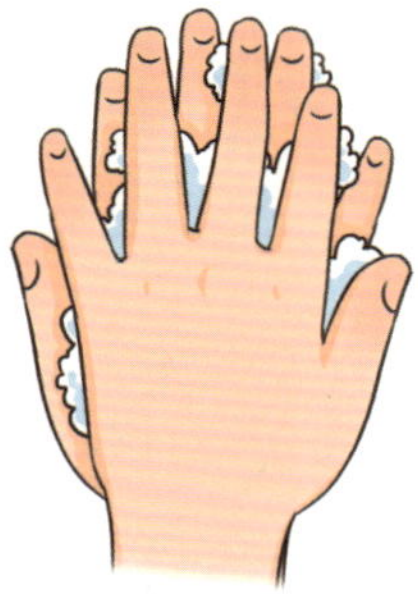

手心对手背，沿指缝相互揉搓

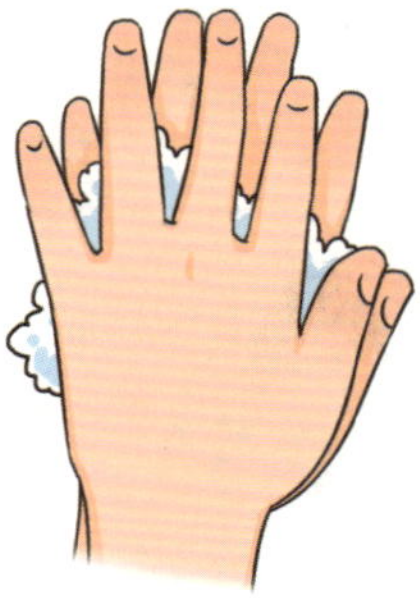

掌心相对，十指交叉相互揉搓

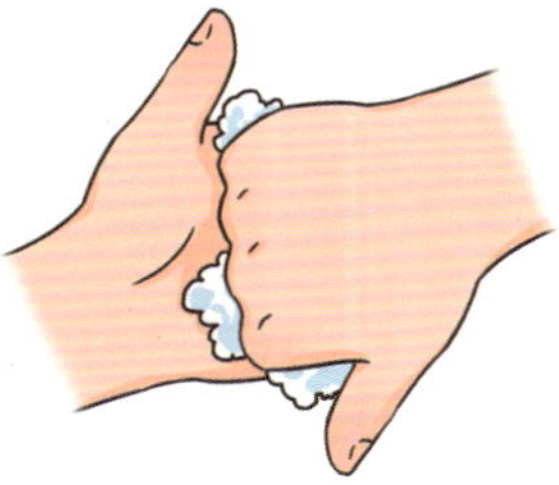

弯曲手指关节在掌心旋转揉搓

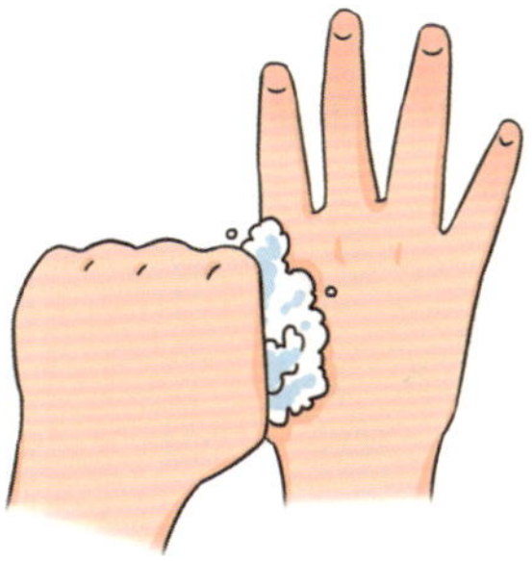

大拇指在掌心旋转揉搓

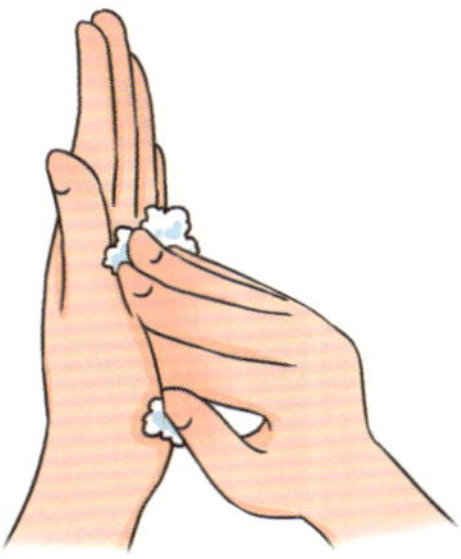

五指并拢，指尖在掌心旋转揉搓

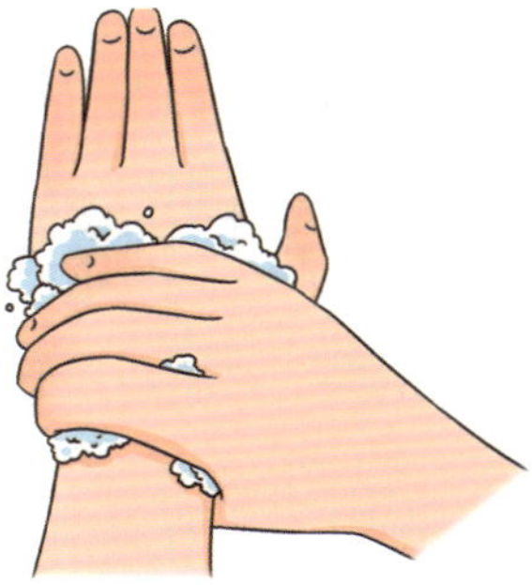

旋转揉搓腕部直至肘部，
双手交换进行

② 学会正确配戴口罩。戴前洗手，辨清正反面（深色或褶皱向下为外）；口罩严密贴合口鼻，尽可能减少漏气；一旦口罩潮湿应立即更换，不要重复使用一次性口罩；通过两端线绳摘取口罩，不用手触摸口罩的前端；取下口罩后应立即丢弃在指定垃圾箱里，并清洗双手。

内外夹弓大立腕，严丝合缝戴口罩。
自我保护讲卫生，养成生活好习惯。

7 重要救命技术——心肺复苏术

放学后，爸爸和欣欣在公园里打羽毛球。突然，在一旁散步的一位老爷爷倒在了地上，一动不动。欣欣爸爸赶紧跑上前查看，他轻拍老爷爷的肩膀，大声喊道：“您还好吗？能听见我说话吗？”老爷爷没有任何反应！欣欣爸爸一边让欣欣打120急救电话，一边检查老爷爷的呼吸，也没有！欣欣爸爸赶紧为老爷爷进行胸外按压：“1、2、3……”

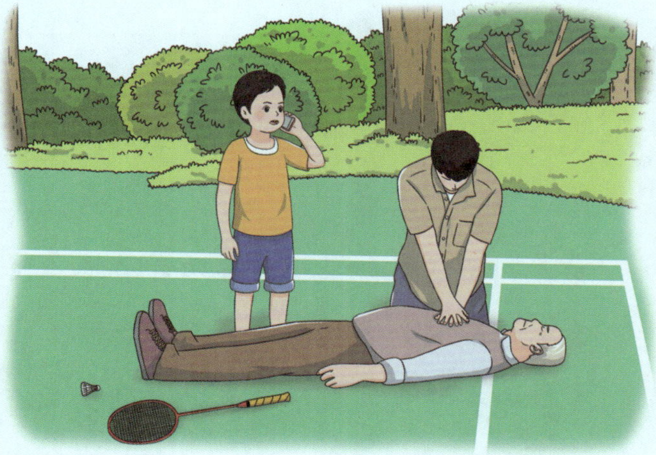
心肺复苏来救命

急救小课堂

心脏骤停是威胁人类健康的致命杀手。医学上，心脏骤停抢救的黄金时间是4分钟，如果能够在4分钟内对心脏骤停的人实施高质量的心肺复苏，就可以为进一步抢救直至挽回生命赢得最宝贵的时间。

作为小学生，我们的身体还在成长发育中，单靠自己的力量还不足以实施有效的心肺复苏，遇到此类状况时要及时求助身边的成年人或拨打120急救电话。

让我来帮你

1. 发现有人倒地，首先检查周围环境，确保被救助者和自身的安全。
2. 判断意识：轻拍被救助者肩膀，大声呼喊“你还好吗”。
3. 呼救：如果被救助者没有反应，立即拨打120急救电话。
4. 检查呼吸：观察被救助者的胸廓有无起伏，无起伏就证明无呼吸。
5. 如果被救助者无反应、无呼吸，则需要立即进行心肺复苏。

遇到心脏骤停者，沉着冷静不慌张，

紧急拨打120，心肺复苏可救命。

8 救命重器——AED

最近，校医秦老师给同学们布置了一个课外实践作业：“AED，又名自动体外除颤器，当有人突发心脏骤停时，可以用它进行紧急救治。同学们知道能在哪里拿到AED吗？请找找身边的AED，记录具体位置或请家长拍个照片，下节课上跟同学们分享。”

校园里的AED

同学们接受了秦老师的任务，连续几天都留心观察，在很多地方都发现了AED这个救命重器——学校操场边、教学楼里、地铁站里、商场里、电影院里……

健康小课堂

AED，全称是自动体外除颤器，是一种在公共场所配置的、用于公众急救的医疗设备，可以及时地消除心室颤动等致死性心律失常。据统计，我国每年发生心源性猝死约55万例，死亡率高达90%。在“黄金4分钟”内利用AED对心脏骤停者进行除颤和心肺复苏，急救成功率可大幅提升。

校园是人员密集的场所，一旦发生紧急情况，及时正确的急救措施对于保障师生的生命安全至关重要。

AED配有语音提示，跟着语音提示就可以操作。因操作有风险，建议由老师或其他成年人操作。

让我来帮你

1. 打开电源，按照AED语音提示操作，即“听它说，跟它做”。
2. 取出两块电极片，根据电极片背面的图示，将电极片贴在患者胸部。
3. 等候AED分析心律，此时任何人都不要碰触患者。
4. 得到需要除颤的提示后，除颤前要大声呼喊“离开患者”，确认无人碰触患者后，才能按下除颤按钮。
5. AED在2分钟后会再次自动分析心律，按照语音提示重复以上过程。

救命重器 AED，紧急时刻显神威。

迅速找到是关键，安全操作护平安。

第二章 学校日常急症处理

1 晕厥倒地早呼救

体育课上，五年级2班正在进行50米往返跑体测。明明昨天晚上没有睡好，跑步时感觉很疲惫，还有点恶心，突然间一阵晕眩，摔倒在地上。

紧急救助

体育老师发现明明的异样，立刻喊停了体测，飞快地跑过去，轻拍明明双肩，大声呼叫："明明？明明？能听见我说话吗？"明明没有反应，他立刻让小睿去喊校医秦老师拿AED来，并拨打了120急救电话。

急救小课堂

晕厥是由大脑供血不足引起的短暂性意识丧失。晕厥者会因为身体失去重心而倒地，并伴有头晕、恶心、面色苍白、抽搐等症状，持续时间比较短，轻者短时间内可以恢复正常。如果晕厥者没有好转或者失去意识，应立即拨打120急救电话，并及时实施心肺复苏。

让我来帮你

1. 帮助晕厥者侧卧在地上，略抬高他的脚，解开衣领，防止因呕吐窒息。
2. 多数晕厥者能够迅速缓过来，如果清醒后出现大汗淋漓、持续头晕头疼、胸痛等情况，应立即拨打120急救电话。

注意事项

1. 如果情况不明，不要随意移动晕厥者，要立即拨打120急救电话。
2. 晕厥者清醒后，不要过快地站起来，应平躺着多观察一段时间身体的状况。

目击晕倒不袖手，轻拍双肩查意识。
早叫早救有奇效，责任就在我和你。

2 异物卡喉巧应对

2022年11月的一天，南京小学生杜许月像往常一样在妈妈开的咖啡店里看书。突然，在店里玩耍的一名三岁男孩吃核桃时不小心被卡到，不停地咳嗽，呼吸困难，脸色发紫。孩子的妈妈急得不停给孩子拍背，然而拍了一分多钟也没有效果，孩子的脸色越来越差。杜许月急忙上前用海姆立克急救法施救，一下、两下、三下……，经过连续地按压，一颗指甲盖大小的核桃终于从小男孩的口中吐了出来。小男孩恢复了顺畅的呼吸！

急救小课堂

异物卡喉是指食物或其他物体卡在咽喉部位。日常中比较常见的有食物或小骨头卡喉，会出现吞咽疼痛、困难，严重者会发生咳嗽、血痰、胸痛。异物进入气管后，会引起剧烈呛咳，严重者可能完全堵住气管，发生呼吸困难。海姆立克急救法能够有效清除气道异物，关键时刻可以救命。

让我来帮你

1. 发现异物卡喉，应立即停止进食。如果异物卡在可见处，可以用筷子、镊子夹出；如果看不见，应立即去医院诊治。
2. 如果异物完全堵塞了气道，必须立刻施救。
3. 海姆立克急救法分三步："剪刀、石头、布"。
   - 剪刀：两个手指并拢，像一个闭合的剪刀，放在肚脐上二指、胸骨正下方位置，找到按压点；
   - 石头：用手握住拳头，拳眼顶住二指位置；
   - 布：用另一只手包住"石头"，迅速向后上方冲击五次，直到把异物排出。
4. 如果伤者没有反应或失去意识，需要立即进行心肺复苏。
5. 如果自己发生上述情况，在周围没有人又无电话的情况下，可以尝试一手握空拳，拳眼放在肚脐上二指处，另一手紧握此拳，双手同时向内、向上冲击，每次冲击中间略停顿；还可一手握拳抵于肚脐上部，另一手握在上面，靠在桌边、椅背或栏杆等地方，连续向内、向上冲击，直到排出异物。

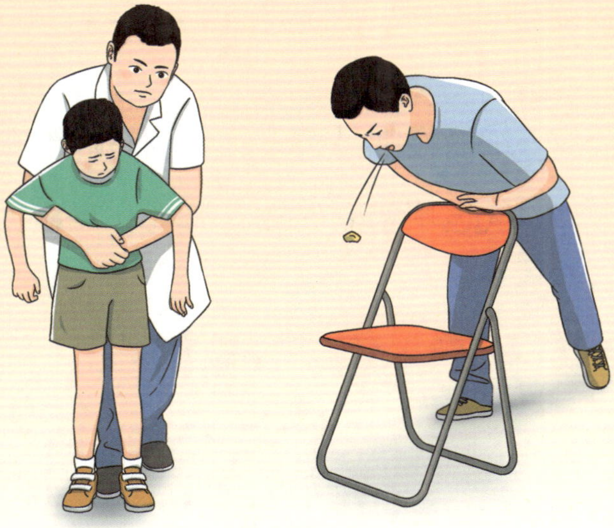

冲击腹部（海姆立克急救法）

注意事项

1. 吃饭时，不要嬉戏、打闹，避免卡喉。
2. 鱼刺卡喉时，不要吞咽米饭或大块馒头，也不要喝醋。
3. 施救前，应先询问是否发生了异物卡喉，确认后再施救。
4. 施救者应平衡自己的重心，稳定站立或跪在患者后方，否则患者倒地，施救者也会跟着倒地。
5. 心肺复苏时，进行人工呼吸前，要检查患者口腔，清除发现的异物。
6. 发现异物堵住气道时，应尽早呼救，并及时拨打120急救电话。
7. 通过海姆立克法排出异物后，必须去医院进一步检查。

细嚼慢咽品美食，鱼刺在喉不咽饭。

气道堵塞立施救，海姆立克显神通。

3 癫痫发作别害怕

音乐课上，阳阳突然从座位上倒了下去，四肢抽搐、牙关紧闭、眼神呆滞……。老师赶紧上前查看，同学们也七嘴八舌地讨论起来："是不是羊角风呀?""我奶奶说这个病要吃草……"这时秦老师路过教室，立即进来移开了阳阳周围的桌椅，把自己的衣服垫在阳阳的头下面，并解开了阳阳的上衣扣子。几分钟后，阳阳停止了抽搐，意识也慢慢恢复了。

急救小课堂

癫痫，俗称"羊角风"，是大脑内的异常放电引起的慢性脑部疾病。癫痫发作时，可能产生意识丧失、身体不受控制、面色青紫、口吐白沫等症状，一般会持续数十秒或几分钟。癫痫发作最大的危害是对大脑的损伤，还可能因突然发作倒地而发生摔伤、溺水等意外。因此学习癫痫发作时的急救措施，可以正确判断并及时应对。

让我来帮你

1. 身边有人癫痫发作时，应保持镇定，尽量抱住他，慢慢把他放倒在地，以免摔伤。
2. 取掉他身上的尖锐物品，移开身边的物体，以免受伤；松开他颈部、腰部的衣物，保持呼吸通畅。
3. 停止抽搐后，扶助他改侧卧，清除口、鼻内的分泌物，防止误吸。
4. 如果发作持续时间超过5分钟、出现呼吸困难、受伤等，都应拨打120急救电话寻求帮助。

注意事项

1. 不要呼喊、摇晃、围观癫痫发作者，保持空气流通。
2. 不能硬撬开发作者紧闭的牙关；不要往其嘴里塞任何东西，特别是自己的手。
3. 不要用力按压癫痫发作者的身体，以免伤及对方。
4. 不要嘲笑或者责备患有癫痫的同学。
5. 遵医嘱按时服药，不轻信民间“偏方”。
6. 保持积极乐观的生活态度和良好的生活习惯。

癫痫急救很重要，呼吸通畅有人伴。
守护患者勿撬牙，清理口鼻保平安。

4 心慌手抖防低糖

悦悦今天起晚了，没吃早餐便匆匆赶去学校。上午最后一节课上，悦悦渐渐感觉全身冒冷汗、心慌手抖、头晕目眩，有气无力地趴在桌子上。陈老师发现悦悦的异常，走到她身旁询问她的情况。“是不是低血糖了?”陈老师赶紧找出一块巧克力递给了悦悦，待悦悦情况好转后，请班长送她去了医务室。

急救小课堂

葡萄糖是人体的“燃料”，当血液中的葡萄糖水平下降时，我们就可能出现心悸、冒冷汗、颤抖、四肢无力等症状，严重时还会产生烦躁不安、意识不清等症状。

让我来帮你

1. 如果没有其他疾病，及时补充一些含糖量比较高的食物就能缓解低血糖的症状，如含糖饮料、巧克力、饼干等。如果超过15分钟症状还没有缓解，就要尽快去医院治疗。
2. 如果患者已经意识不清，应将其头偏向一侧，保持呼吸道畅通，及时拨打120急救电话。

注意事项

1. 保持良好的生活习惯，饮食规律，不可以不吃早餐。
2. 空腹不做运动量大的活动。

一日三餐要规律，空腹不做大运动。
心慌手抖出冷汗，喝口糖水能好转。

5 肌肉痉挛这样做

周五下午，学校游泳社团要训练了，贝贝、乐乐和明明一下课就赶到了学校游泳馆。换好衣服后，贝贝和明明就迫不及待地“扑通、扑通”跳下了水。乐乐则在泳池边做着准备活动。突然，贝贝大叫起来：“我抽筋啦！我抽筋啦！”还好他在浅水区，救生员赶紧递出一根杆子，贝贝抓着杆子回到了池边。上岸后，贝贝龇牙咧嘴地揉着抽筋的右脚。游泳老师一边帮他做按摩、拉伸，一边提醒大家：“千万别着急，一定要做好热身活动才能下水……”

急救小课堂

肌肉痉挛，俗称抽筋，通常由于剧烈运动使得肌肉过度疲劳，或肌肉、神经受到寒冷刺激，或缺钙导致肌肉不自主地收缩。肌肉痉挛时，痛感明显，会持续几秒到几分钟，一般会在几分钟内自行消失。通常情况下，肌肉痉挛并不严重，可以自行缓解。

让我来帮你

1. 立刻停止活动，一般会在几分钟内自行缓解。
2. 尝试按摩或揉搓痉挛部位，帮助肌肉放松，加快血液循环。
3. 进行拉伸运动，将突然收缩的肌肉轻轻地朝反方向拉伸，但不要过度拉伸，开始感到疼痛的时候就马上停下来，维持这样的力度30秒。
4. 游泳时发生肌肉痉挛，不要惊慌。用没抽筋的一侧手握住抽筋的脚趾，用力向身体方向拉；同时用抽筋一侧的手掌按在抽筋腿的膝盖上，帮助膝关节伸直，待痉挛缓解后，再慢慢游向岸边。如自己无法处理或缓解，可先深吸一口气，仰浮于水面，立即呼救。
5. 热敷或冷敷。热敷可以使肌肉放松，缩短抽搐的时间；冷敷可以帮助消肿、止痛。

注意事项

1. 寒冷容易导致肌肉痉挛，冬季要注意保暖。
2. 运动前要进行充分的热身活动，包括轻度的有氧运动和有针对性的肌肉拉伸，提高肌肉的温度和弹性。
3. 运动时注意动作规范，避免过度拉伸或压迫肌肉。
4. 避免突然增加运动强度，应按照个人体能适度增加。
5. 游泳前，应先用冷水冲淋全身，让身体对寒冷有所适应，水温低时游泳时间不宜过长。
6. 发生肌肉痉挛后，一般不宜再继续运动，应注意休息，并进行局部按摩。
7. 运动后应及时补充电解质，日常注意均衡饮食。
8. 全身肌肉痉挛或者经常复发，要及时就诊。

肌肉痉挛别紧张，劳逸结合多拉伸。
热身活动不可少，快乐运动身体好。

6 应对过敏有技巧

春风送暖，阳光正好。安静的课堂，不时被明明连续的喷嚏声打断。明明虽然很不好意思，但又控制不了。除了打喷嚏，鼻涕也止不住地往下流，眼睛又红又痒。好不容易下了课，明明赶紧去医务室找秦老师。秦老师告诉他，这是过敏的症状，不是感冒。明明服下秦老师给他的抗过敏药，症状很快就有了好转。

急救小课堂

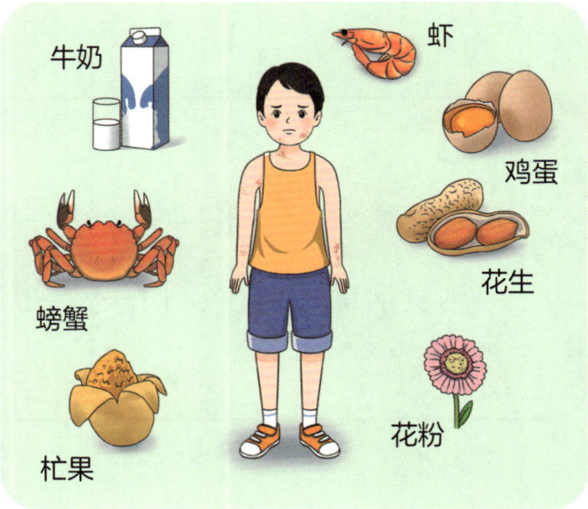

过敏是一种常见的疾病，有人吸入花粉或粉尘，会鼻痒、流鼻涕、打喷嚏，严重时还可能发生哮喘；有人吃了某种食物，比如虾、螃蟹、鸡蛋、牛奶、花生、杧果等，会腹痛、腹泻或者皮肤痒、红肿；有人打了青霉素会发生休克……；这些都是过敏反应。引起过敏反应的物质，我们称为过敏原。

让我来帮你

1. 过敏时应立即远离过敏原或可能的过敏原，迅速寻求家长或老师的帮助。
2. 如果过敏反应相对温和，比如出现流鼻涕、打喷嚏、皮肤瘙痒红肿等症状，口服抗过敏药后很快就能缓解，但有些药物会造成困倦、嗜睡，不适合白天服用。
3. 如果同时伴有心慌、烦躁、恶心呕吐、呼吸困难等症状，则应立即拨打120急救电话或前往医院诊治。

注意事项

1. 过敏的预防比治疗更重要。
2. 日常饮食要规律，营养需均衡，多吃新鲜的蔬菜水果。
3. 保持良好的生活习惯，勤洗勤换床单、被罩，经常打扫房间，注意家居、教室环境的干净卫生。
4. 加强运动，增强身体抵抗力。
5. 如易过敏，居室内减少盆栽植物，尽量避免饲养小动物，猫狗的毛发也是常见的过敏原。

花粉尘螨虾蟹蛋，牢牢记住过敏原。
杜绝源头强体魄，预防更比治疗重。

7 呼吸困难要警惕

小亮年纪虽小，但有一个老毛病——哮喘。最近天气变化无常，小亮一直不太舒服。这天上课，小亮的哮喘发作了。只见小亮满脸痛苦地端坐着，两手扶在膝盖上，用力地喘息着，远远就能听见他“咻……咻……”的呼吸声。得知消息的校医秦老师第一时间来到小亮身旁，拿出小亮备用的哮喘气雾剂给他喷了两喷，待症状缓解后赶紧带他去了医院。

急救小课堂

生活中，有很多原因会造成呼吸困难，如异物堵塞气道、过敏造成的喉头水肿阻塞气道、哮喘等；此外一些肺部疾病、心脏疾病等也可能造成呼吸困难，甚至危及生命。

造成呼吸困难的原因不同，急救的方法也各不相同，所以一旦发生呼吸困难，第一时间拨打120急救电话、及时送医很关键，原因不明的情况下切勿自行采取措施。

让我来帮你

1. 发生呼吸困难，立即拨打120急救电话或直接去医院。
2. 保持镇静，不要多说话，找到一个舒适的体位，最好是坐着，身体略前倾，松开衣领，解开裤带，清除口鼻分泌物，有条件的可以吸氧。
3. 哮喘发作时，可以使用常备的哮喘气雾剂；气道异物梗阻时，可以采用海姆立克急救法去除异物。

注意事项

1. 呼吸困难时，应尽量保持安静，避免因情绪紧张加重呼吸困难。
2. 适当增减衣物，避免感冒和各种呼吸系统疾病的发生。
3. 增强运动，提高身体抵抗力。

呼吸困难要警惕，救命药物马上用。
急诊就医不迟疑，牢记预防更重要。

第三章 学校意外伤害处理

1 呕吐腹泻巧处理

秋冬季节，随着气温下降，由细菌、病毒感染等引发的呕吐、腹泻等病症进入高发期。课间时，明明感到肚子很不舒服，他忍了一会儿，但是越来越难受，最后忍不住吐了出来。明明的情况引起了班主任陈老师的注意，陈老师赶紧带他去了医务室，并通知了他的妈妈。

急救小课堂

呕吐和腹泻，是急性肠胃炎的典型症状。这两种症状可能单独出现，也可能同时发生，有时还伴有发热。急性肠胃炎主要是由受凉、感染或者饮食不当引起的。

让我来帮你

1. 发生呕吐、腹泻，应立即报告老师，并前往医务室寻求校医的帮助。
2. 立即远离被污染的教室，由老师、保洁人员清理呕吐物、排泄物以及可能受污染的用品。

3 轻度的呕吐和腹泻，一般两三天后就会好转；如症状严重，则需要及时口服补液盐，也可用运动饮料或淡盐水代替。

4 如果在校外发生呕吐，要及时向班主任报告，不带病上学，有医生的指示才能返回学校。

5 生病时要尽量避免与其他同学接触。

注意事项

1 流感季节外出，应戴好口罩，尽量少去人员密集的地方。

2 注意饮食卫生，不吃腐败变质的食物，饭前、便后认真洗手。

3 加强体育锻炼，增强身体抵抗力。

4 如果高烧不退、出现脱水症状（超过8小时没有小便、口干）、精神萎靡、呕吐物与排泄物中有血，一定要及时去医院诊治。

呕吐腹泻很常见，一旦发生别紧张。
生活习惯要良好，饮食卫生是关键。

2 动物伤害要小心

据不完全统计，我国每年大约有4000万人被猫狗咬伤，超过30万人被毒蛇咬伤。动物致伤已成为医院急诊外科的常见问题。常见的动物伤害有毒虫蜇伤、猫狗抓伤咬伤、海洋生物蜇伤刺伤、毒蛇咬伤等。动物伤害除了造成组织损伤外，还可能引起细菌或病毒感染、中毒、过敏性休克等其他严重后果。避免动物伤害，正确处理是关键。

毒虫蜇伤

急救小课堂

自然界中有许多有毒的昆虫，在户外活动时，会有被蜇伤的风险。常见的毒虫有蜜蜂、马蜂、胡蜂、蜱虫、蝎子、蜈蚣等。我们要学会识别它们，遇到毒虫蜇伤时，能够迅速采取正确的处理方法，确保自身安全。

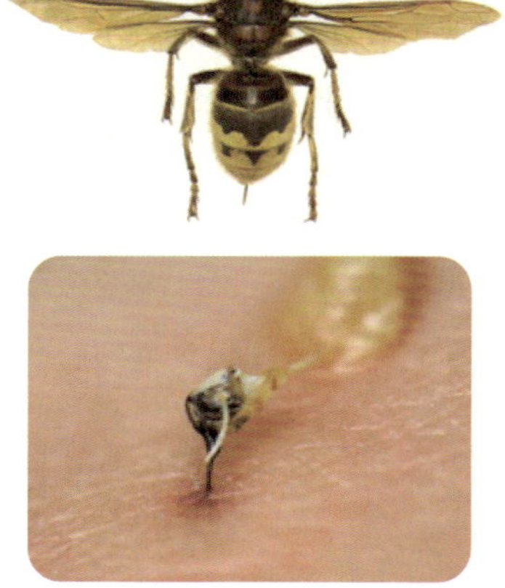

马蜂及其毒刺

让我来帮你

1. 被毒虫蜇伤后，首先应弄清楚“袭击者”是谁，以便正确处理。
2. 及时清除伤口周围的毒液，防止毒液继续被吸收，降低感染的风险；用肥皂水清洗，如果伤口疼痛明显可以用自来水冲洗。
3. 被蝎子蜇伤时，先用手挤出伤口处的血液，减少毒液的吸收。被蜂类蜇伤时，若伤口留有毒刺，先用镊子拔出，但不能用手捏，避免毒液进入皮肤深处。
4. 在医生的指导下涂抹消肿止痒（痛）的药膏。
5. 如果出现发热、头晕、呼吸困难、休克或其他严重的症状，需要立即到医院就诊。

注意事项

1. 去河边、池塘边、树林里等阴凉潮湿的地方时，应做好防护，尽量穿长袖、长裤。
2. 外出要避开蜂巢；遭到蜂群攻击时，就地蹲下，用衣物遮挡头、面部和身体，并慢慢移开，不要追打、驱赶蜂群。

猫狗抓伤、咬伤

急救小课堂

小猫小狗是我们人类的好朋友，带给了我们很多快乐和温暖。但被猫狗抓伤、咬伤的意外也时有发生，如果处理不规范，可能会引发狂犬病、破伤风。狂犬病的病死率几乎高达百分之百。

让我来帮你

1. 用肥皂水和流动的清水交替冲洗伤口至少15分钟。
2. 冲洗后，使用碘伏或酒精给伤口消毒。
3. 用干净的无菌敷料覆盖伤口，不要包扎，尽快去医院。
4. 医生根据情况，决定是否注射狂犬病疫苗及破伤风抗毒素。

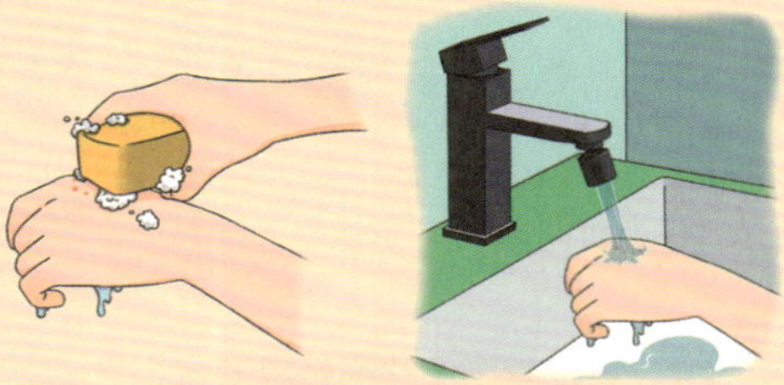

A. 用肥皂水和流动的清水冲洗伤口

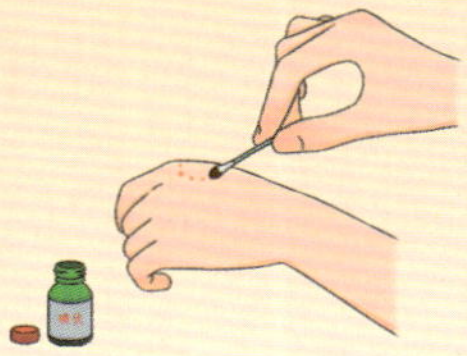

B. 消毒

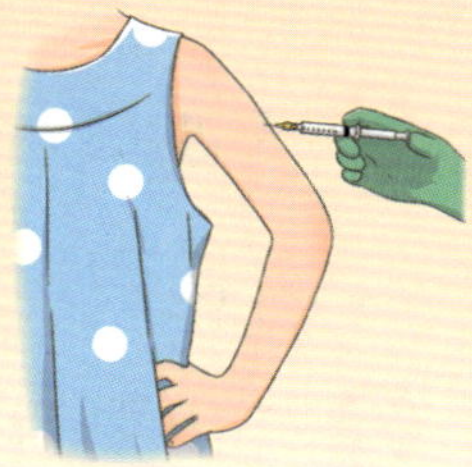

C. 接种狂犬病疫苗

注意事项

1. 定期带家里的宠物体检和注射疫苗。

2 不要接近或逗弄陌生的猫狗。

3 如果不小心被猫狗咬伤，要尽快处理伤口并接种狂犬病疫苗。

4 出门遛狗时，看护好自己的宠物，戴好牵引绳。

海洋生物蜇伤、刺伤

急救小课堂

到海边游玩时，除了应谨防溺水外，还应注意预防海洋生物蜇伤、刺伤。水母是最常见的有毒海洋生物，也被称为海蜇。它们的触须上有密集的刺丝囊，虽然外观美丽，但如果被其蜇伤，水母的蜇刺和毒液就会进入皮肤，严重时会引发过敏反应、中毒甚至死亡。

水母

让我来帮你

1 被海洋生物蜇伤后，应立即上岸，远离蜇伤的环境。

2 用镊子、木棒或戴上手套再去除触须或毒液，也可以用海水冲洗。

3 在去除水母刺丝囊和触须之前，不要用淡水冲洗，不要热敷或冷敷，不要搓揉按摩，不要用毛巾擦拭，也不要让蜇伤处接触沙子，避免刺激和加速毒素的释放。

4 及时到医院就诊。

注意事项

1 不去有水母出没的海域游泳、玩耍。

2 在海边发现海洋动物时，保持距离，不要触摸或踩踏它们。

3 海洋生物蜇伤有严重过敏的隐患，要及时去医院诊治。

毒蛇咬伤

急救小课堂

夏秋季节是蛇类活动的活跃期，也是毒蛇咬伤的高发季节。不同种类的毒蛇咬伤，所导致的人体中毒症状不同，严重的会危及生命，千万不能掉以轻心。

让我来帮你

1. 被蛇咬伤后，应立即远离蛇咬伤的环境。
2. 保持镇定，坐着或者躺下，以免加快血液循环，加深中毒。
3. 尽可能记住蛇的外貌特征，对后续治疗会有帮助。
4. 尽快到医院寻求医生的帮助。

注意事项

1. 去野外游玩时，尽量穿长袖、长裤和高筒靴，戴好帽子，做好防护。
2. 在茂密的草丛中行走时，要一边走一边用小木棍敲打草丛，驱赶可能存在的蛇类。
3. 夜间外出活动时，准备好照明设备。
4. 去野外时，随身携带一些防蛇毒的药品。
5. 遇到蛇类时，保持镇静，不要惊动它，缓慢地退到安全地带。
6. 禁止吸吮、挤压被蛇咬伤的伤口。

动物致伤别慌张，紧急处理要恰当。
保持距离护安全，受伤尽早求医助。

3 溺水自救有方法

暑假的一天，明明和小伙伴们一起去河边玩水。游着游着，明明的脚突然被什么东西缠住动不了了，他努力尝试想把脚拔出来却没有成功。因为耗费了太多体力，他的动作越来越慢，身体渐渐往下沉。这时，小伙伴们发现了他的异样，赶紧大声呼救。一位在岸边钓鱼的叔叔听到求救声，立刻跳下水向明明游过去，把他推到了岸上。明明感到非常后怕，也意识到了溺水的危险性。

急救小课堂

暑假是学生溺水事故的高发期。有数据显示，溺水是世界上非故意伤害死亡的第三大原因，也是儿童和青少年死亡的十大主要原因之一。

溺水死亡率高的一个原因是外人很难发现他们正处于溺水的危险状态。而且溺水时，大多数人是不能及时呼救的。因此，掌握基本的溺水自救知识，才能在遭遇意外时保护自己。

让我来帮你

练习水中自救的姿势

1. 在水中无法靠岸时，要保持镇定，放松四肢，尽量让身体漂在水面上。
2. 屏住呼吸，头向后仰，面部朝上，让口鼻露出水面。
3. 身体下沉时，可以用手掌向下压。
4. 如果周围有可以抓、拉的物体，迅速抓住，借力浮出水面。
5. 换气时，呼气要浅，吸气要深。
6. 有人来救援时，一定要听从救援者的指挥，不要猛拽救援者。

注意事项

1. 不在没有家长或老师带领的情况下游泳。
2. 不擅自与他人结伴游泳。
3. 不到无安全设施、无救援人员的水域游泳。
4. 不到不熟悉的水域游泳。
5. 遇到他人溺水，不擅自下水施救。

锻炼身体学游泳，场地选择是关键。

踩水仰“躺”学自救，危急时刻保平安。

4 踩踏事故要防范

放学铃声响起，明明和贝贝急着去参加武术兴趣班，背起书包就往楼下冲。此时，楼梯上的同学很多，明明见队伍不动，一边着急地喊：“快点，快点啊！”一边和贝贝用力向前挤。队伍前面突然有人喊道：“不要挤了，有人摔倒了！”情况紧急，老师听到喊叫声，迅速赶到，第一时间把摔倒的同学扶起来，然后指挥同学们有序下楼。

急救小课堂

校园里人群密集，课间活动时人员流动量比较大，如果不遵守纪律和规则，极易发生踩踏事故。

让我来帮你

1. 上下楼梯时，一定要听从老师的指挥，靠右慢行，不推搡，不拥挤。
2. 发现有人摔倒时，马上停止前进，同时大声呼喊，告诉后面的人不要向前靠近。

3. 如果在人群中不慎摔倒，要想办法靠近墙壁或其他支撑物。

4. 无法靠墙时，要把身体蜷成球状，双手十指交叉扣在颈后，两肘向前，保护住两侧的太阳穴。

注意事项

1. 尽量避免到拥挤的人群中去。
2. 上下楼梯靠右走。
3. 不在楼梯上或狭窄通道里嬉戏打闹。
4. 在人群中行走时，不要捡拾掉落的物品，防止危险发生。

遇到拥挤需避让，不推不挤不追逐。
靠右行走好习惯，避免慌乱扰秩序。

5 谨防触电保安全

用绝缘的木棍挑开电线

秋游那天，小雨和天天在湖边开心地玩耍，突然发现湖边有一根电线杆，电线垂了下来。两人按捺不住好奇心，凑到跟前去查看。天天伸手去拉那根电线，瞬间感到一阵刺痛，她不受控制地抽搐起来，然后失去了知觉。小雨被吓坏了，连忙向老师呼救。老师赶来迅速捡起地上的木棍拨开了电线，并立即拨打了120急救电话。经过医生的抢救，天天终于醒了过来，但她的手臂和腿部被电击伤，需要休养一段时间。

急救小课堂

日常生活中，电无处不在，用电安全关乎我们每个人的生命安全。当触电意外发生时，首先要确保自己的安全，然后迅速寻求成年人的帮助。

让我来帮你

1. 如果发现有人触电，要立即断开电源，或者用不导电的物体（如干燥的木棍、塑料棒等）将触电者与电源分离。
2. 立即拨打120急救电话并迅速呼救，寻求专业帮助。

注意事项

1. 学会识别电力安全标识。
2. 不要随意触摸电源插座和插头。
3. 遵守用电规则，不在潮湿的环境中使用电器，不用湿手触摸电器，不用湿布擦拭电器。
4. 使用完电器后拔掉电源插头，拔插头时不可只拉电线。
5. 人走断电要牢记。
6. 雷雨天尽量减少外出，不在树下、电力设施附近避雨。

电线插座要小心，远离水源和潮湿。
开关电器看标识，正确使用才安全。

6 高温急症需重视

暑假的一个午后，知了不知疲倦地叫着。明明约着几个好朋友一起在小区篮球场上打篮球。打着打着，小成渐渐有点体力不支，还感到一阵阵恶心。满头大汗的明明正想提醒小成做好防守，就发现小成面色通红、手脚无力，赶紧喊停了比赛，带着小成到树荫下休息。在旁边观战的小雨买来了冰棍，用湿毛巾包住放在小成的颈部两侧，又给他喝了一些运动饮料。休息了片刻，小成的情况有了好转。

急救小课堂

炎热的夏季，长时间待在户外或者进行运动量较大的活动，很容易中暑。一旦出现中暑的症状，要第一时间展开急救。

让我来帮你

1. 迅速将中暑者转移到阴凉通风处或空调房间里平躺休息。
2. 解开衣扣，将冷毛巾、冰块、冷的瓶装水等放在颈部两侧、腋窝处，进行物理降温。

3 少量多次补充水分和电解质，如含盐的清凉饮料或淡盐水。

4 如果中暑严重，出现昏迷、抽搐、呼吸困难等症状，应立即送往医院进行专业的治疗。

注意事项

1 尽量不要在烈日下长时间活动。

2 夏季外出时要做好防护，如穿浅色衣物或打伞、戴帽子，准备充足的饮用水。

3 准备防暑降温的药品，如风油精等。

4 及时补充足够的水分，不要等口渴时再喝水；出汗多时可以适当喝一些淡盐水。

高温外出需防护

高热高温毒日头，减少外出多喝水。
运动要在阴凉处，劳逸结合重防护。

7 低温急症巧应对

期末考试结束了，明明考得很不错，他开心地约着好朋友乐乐在小区里打篮球。玩得正高兴，手里的球被明明一使劲扔偏了，滚进了结冰的小池塘里。明明用脚试了试冰的厚度，决定到冰面上捡球。走到池塘中间时，明明突然脚底一滑，手无处攀拉，掉进了冰水里。虽然池塘不深，但是湿透的棉服束缚了明明的手脚，加上池塘底部湿滑，明明很难自己站起来。乐乐赶紧叫来周围的大人，一起把明明拉了上来。由于天气寒冷，明明被冻得双唇发紫、浑身颤抖，大家赶紧把明明送回了家。

急救小课堂

低温急症是一种因身体暴露在寒冷环境中而引起的严重疾病，会导致人的皮肤苍白冰冷、身体发抖、四肢肌肉和关节僵硬，同时感到疲倦、呼吸和心跳加快。如果不及时处理，可能会发生冻伤甚至死亡等严重后果。因此，当发现有人出现低温急症的症状时，要立刻采取措施，寻求专业的帮助。

让我来帮你

1. 迅速脱离寒冷环境，换上暖和的衣服。
2. 温暖身体的重要部位，可以把受冻的部位泡在温水中尽快复温。
3. 如果伤者出现神志不清、颤抖或体温低于35℃等症状，应立即拨打120急救电话。

注意事项

1. 寒冷天气出门要做好保暖，如戴上帽子、手套和口罩，穿舒适的厚鞋袜，保护好耳朵、鼻尖、脸部还有手脚等最可能受冻的部位。
2. 不要长时间在寒冷的户外活动。
3. 冬季可以多吃一些高蛋白的食物，增强免疫力。
4. 不能用火炉、热水瓶、烤火方式复温。
5. 不要搓揉冻伤部位，更不可以用雪搓揉。

天寒地冻要保暖，帽子口罩与手套。
足量蛋白不能少，增强体质抗严寒。

8 高空坠物要提防

课间，天天和佳佳抱着同学们的作业去往教师办公室。回来的路上，一架手工飞机模型从楼上直冲下来，天天的脑袋被飞机模型砸到，疼得她眼冒金星。佳佳抬头寻找飞机模型的来源，只见明明在三楼的窗户前吐舌头，做鬼脸。佳佳生气地说："你这种行为属于高空抛物，是要负法律责任的！"

急救小课堂

高空坠物的杀伤力不容小觑，小到果核、牙签，大到花盆、碗盘、晾衣架等，一旦从高空坠落砸到人，可能会致伤、致残，严重时还可能致死。如果被高空坠落的物体砸伤头部、颈部或脊柱等处，千万不可移动伤者，应立即拨打120急救电话。

注意事项

1 路过高层建筑工地时，要走防护内街。不要在墙面老化的大楼周围或广告牌下逗留。

2 大风、暴雨天气，最容易引发高空坠物，在户外一定要小心观察，尽量避免外出。

3 学会识别“当心落物”“禁止停留”“注意安全”等警示牌，看到时要绕行。

当心落物　　禁止停留　　注意安全

4 严禁向楼下抛扔任何物品，这些物品都可能成为伤及他人的“凶器”。

高空坠物要小心，安全知识应牢记。
警示标牌记心间，大风天气多注意。

9 遇到火灾速逃生

11月9日是全国消防日。这一天，学校举行了消防演练。一大早，同学们就做好了准备，可是“警报”迟迟没有响起。

语文课上，学校广播突然响了：“着火了，请大家有序撤离！”

正在上课的陈老师镇定地说：“大家不要慌，演练开始了。跟我沿着安全通道撤离。”同学们取出早已准备好的湿毛巾，捂在口鼻处，在陈老师的带领下，一个接一个离开教室，有序走下楼梯，来到了操场。操场上，一团大火正熊熊燃烧。教导主任周老师拿起灭火器，拔下保险销，对准火焰根部扫射，不一会儿，肆虐的火焰就被扑灭了，操场上响起了阵阵掌声。

有序撤离

急救小课堂

火灾非常可怕，不仅会烧毁财物，还会造成人员伤亡。遇到火灾时，首先要保持镇定，立即拨打119火警电话，同时观察火势、火源，寻求逃生路线，听从老师的指挥，有序逃生，避免发生踩踏事故。

让我来帮你

1. 突发火灾，要保持冷静，迅速报警。
2. 寻找安全通道，用湿毛巾捂住口鼻，低姿前行，尽快离开火灾现场，注意躲火避烟，不要贪恋财物。
3. 如果烟雾、火焰封锁楼道，无法从室内逃出，要把通向楼道的门窗关闭，并用湿毛巾或者湿衣服塞住门缝，等待救援人员的到来。

低姿前行

4. 无法逃出的时候，可以在阳台、窗口大声呼喊、敲击栏杆或晃动鲜艳的衣物求救。
5. 若身上着火，千万不要奔跑，可就地打滚或用厚重衣物压灭火苗。

注意事项

1. 火灾时不可以乘坐电梯逃生。
2. 无论什么原因，千万不可重返火场。
3. 逃生时，千万不要盲目跳楼。
4. 不能玩火，不可携带打火机和易燃易爆物品进入校园，不能在校内焚烧书、废纸、文具等。
5. 保持消防通道畅通，以便意外发生时快速疏散逃生。
6. 放学后，要关闭教室里的电器、照明开关等。
7. 发现教室中的电器设备出现异常，要及时报告老师。
8. 爱护学校的消防器材，如走廊上的灭火器、疏散指示等，确保它们完整可用。
9. 在任何地方，都要留意疏散通道、安全出口及楼梯的方位，以便发生意外时尽快逃离现场。

遭遇大火需镇定，湿巾掩鼻蹲下身。
不乘电梯走楼梯，遵照指示有序撤。

10 地震来了会避险

这天上课时，同学们突然觉得有点头晕，教室里的灯管也开始摇晃了。大家惊恐地看着彼此，不知道发生了什么。陈老师立即意识到发生了地震，赶紧让同学们双手抱头，躲到课桌下面，并安慰同学们，让大家保持冷静。等到地震停止后，陈老师迅速组织同学们有序撤离到了操场上。

急救小课堂

地震是对人类最具威胁性的自然灾害之一，不仅会使建筑物倒塌，还会造成大量的人员伤亡。虽然目前人类无法准确预测地震的发生，但是掌握了避险技巧，可以大大降低伤害的程度。

让我来帮你

1. 地震发生时，应保持镇定，听从老师的指挥，同学之间互相帮助。
2. 牢记“伏地、遮挡、手抓牢”原则，迅速躲在课桌下；同时敞开教室门，保证逃生通道的畅通。

③ 地震停止后，在老师的指挥下迅速有序撤离，撤离时把书包顶在头上，保护好头颈部位。

注意事项

① 避震时，蜷曲身体，低头，用书包等物品保护好头颈、眼睛。

② 如果在室内，可以抓住桌腿等牢固物体，防止身体移动受伤；如果在室外，要避开可能倾覆的建筑物。

坚固的课桌下避震

③ 撤离时，不能乘坐电梯。

④ 撤离后千万不要返回室内。

⑤ 如果被困，不要哭喊，保存体力，等待救援。听到有人接近，可用物体敲打墙壁、管道，向外界传递消息。

地震来了别慌张，伏地遮挡手抓牢。
安全地方躲起来，一旦停止速撤离。

11 遇到洪水快撤离

科学课上，周老师给大家播放了有关洪水的视频资料。某地由于多日连降暴雨，河流水位急剧上涨，水流汹涌湍急，还引发了山洪，牲畜被卷走、农田被淹没、房屋被冲毁……

洪水似猛兽，遇到洪水我们该怎么办？

急救小课堂

洪水是一种破坏力极强的自然灾害，一旦发生，瞬间就能摧毁村庄、田地和道路，还可能引发泥石流、滑坡等地质灾害。因此，掌握一定的洪水避险方法至关重要。

让我来帮你

1. 遇到洪水时，要保持冷静，听从有关部门指挥，立即转移至安全地带。
2. 如果来不及转移，要往高处躲避，比如爬到屋顶、大树上、楼房高层躲避。

3 尽快拨打紧急救助电话（110 或 119），告知自己的方位和险情，寻求救助。

4 如果被洪水冲走，迅速寻找身边的木板或大块的泡沫、塑料等能漂浮的物体逃生。

寻找能漂浮的物体逃生

注意事项

1 躲避洪水时不要攀爬电线杆、铁塔以及泥坯房的屋顶。

2 不要沿着洪道方向逃跑，要向两侧快速躲避。

3 不要游泳逃生，切勿强行穿越河流。

洪水来了快撤离，生命安全是第一。

人往高处不犹豫，远离低洼保平安。

12 遭遇车祸不紧张

十一长假期间，爸爸妈妈带着小雨自驾去外地旅游。途中，突然听到“哐当”一声巨响，前面不远处两辆车撞在了一起，后面的车都紧急停了下来。没过多久，一个司机跌跌撞撞地从事故车里出来，满脸是血，大叫：“快叫救护车啊，车里有人受伤了！”爸爸镇静地拨打了110报警电话和120急救电话，并从车里取出三角警告牌放在事故车后150米处。妈妈找来干净的毛巾按压在司机伤口处。急救人员很快赶到了现场，将伤员送往了医院。

急救小课堂

交通事故是日常生活中常见的意外事件，世界卫生组织的数据显示，全球每年有近130万人在交通事故中丧生。交通事故造成了大量的人员伤亡和财产损失。

让我来帮你

1. 遇到车祸事故时要保持镇定，迅速离开被撞损的车辆，并远离危险的公路。如果在高速公路上，则要快速移动到防护栏外，并在车后的150米处放置三角警告牌。

2. 检查自己是否受伤，如果受伤应高声呼救。
3. 立即拨打120急救电话和110报警电话，告诉接线员车祸的地点和人员受伤的严重程度。
4. 在确保个人安全的情况下，运用学过的急救知识帮助他人。
5. 若怀疑为脊柱受伤，如果环境安全，千万不可搬动伤者。

注意事项

1. 过马路时要看交通信号灯，绿灯通行，走人行横道，左右观察，确认安全后快速通过。
2. 不要跨越交通护栏、护网与隔离带。

遵守交通规则

3. 不要在马路上奔跑、打闹。

交通规则人人守，穿行街市别大意。
事故发生莫慌张，安全自救帮他人。

13 传染疾病要预防

早自习课上，苗苗感到身体很不舒服，出现了发烧、咳嗽、流鼻涕的症状。陈老师注意到苗苗的情况，赶紧通知苗苗的妈妈带她去看医生。之后几天，陈老师发现班上不少同学也出现了和苗苗一样的症状，怀疑是流感暴发，立即报告了学校。校方迅速启动了传染病防控预案，通知家长密切关注孩子的身体状况；同时加强了对教室、卫生间、食堂等公共场所的消毒措施。

流感会传染

急救小课堂

学校是人群高度集中的地方，很容易发生传染病的暴发和流行。校园里常见的传染病有流感、水痘、腮腺炎、麻疹、风疹、手足口病、诺如病毒感染等。如果发现被传染，第一时间做好相应措施，就能有效控制病情。

让我来帮你

1. 传染性疾病很常见，一旦发生，保持冷静，避免恐慌。
2. 及时告诉家长和老师，以便尽快就医。
3. 病情确诊后，要按照医嘱进行治疗，注意休息。
4. 待痊愈后且有医生开具的复课证明，再回学校上课。

注意事项

1. 保持生活、学习环境的清洁和通风，定期消毒。
2. 咳嗽或打喷嚏时，用纸巾遮住口鼻。
3. 勤戴口罩，保持社交距离；尽量不去人多拥挤的场所，减少不必要的聚会。
4. 保持良好的作息时间，饮食均衡，适度运动。
5. 及时接种流感疫苗。

传染疾病要预防，人多不去凑热闹。
适度锻炼身体好，接种疫苗疾病跑。

14 爱护生命远毒品

放学回家的路上，小成路过一家小卖部，发现有卖一种名叫“魔法糖果”的零食。这款糖果的包装色彩鲜艳，非常吸引眼球，小成好奇地买了一包。回到家后，他迫不及待地打开包装，还没品尝就被哥哥制止了。哥哥说：“这种糖果很可能是新型毒品，可千万不能吃！”

第二天，小成把“魔法糖果”交给了秦老师，经过有关部门检测，其中果然含有不良药物。秦老师立即报了警。

急救小课堂

毒品对人的危害十分巨大，吸食毒品会使人产生幻觉、情绪失控，容易做出伤人伤己的暴力行为；毒品还有很强的成瘾性，会严重损害人的身体和心理健康，还会带来很多严重的社会问题。

毒品包括鸦片、海洛因、大麻、吗啡、可卡因、摇头丸、冰毒、K粉等。毒品离我们并不遥远，许多新型毒品会伪装成“奶茶”“跳跳糖”“巧克力”“开心水”“饼干”等零食、饮料，吸引未成年人购买和食用。我们要提高警惕，加强防范，让毒品远离我们的生活。

注意事项

1. 牢记“四知道”：知道什么是毒品，知道吸毒极易成瘾，知道毒品的危害，知道吸毒违法。
2. 不要随便接受陌生人给的食物、饮品等。
3. 谨慎交友，不与有不良行为的人交朋友，远离不健康的娱乐场所。
4. 不要盲目追求刺激，轻易尝试毒品，一旦尝试，后果不堪设想。
5. 树立正确的人生观，正确面对诱惑。

小小毒品危害大，一试成瘾无止境。
远离毒品行端正，珍爱生命最重要。

第四章

学校创伤急救处理

1 外伤处置有技巧

某小学组织同学们去森林公园秋游。老师安排了丛林探险活动，同学们一起到森林公园寻找游戏积分卡，谁找到的最多，谁就是这次活动的“小小探险家”。活动一开始，大家就像放飞的风筝一样，四散开来开始搜索。明明搜寻时发现一道斜坡下的树桩旁有游戏积分卡，激动地直冲了过去。不想斜坡有点陡，他跑的速度过快，一不留神摔了出去。捡起卡片后，他才发现膝盖擦破了皮，伤口在流血呢。明明迅速跑向了医务点，秦老师见状立即帮明明进行了消毒和包扎，短暂的休息之后，明明又欢快地跑去探险了。

急救小课堂

生活中，擦伤、磕伤等小意外时有发生。学会简单的外伤处置方法，紧急时刻有大用。

让我来帮你

1. 对于擦破皮、轻微划伤的出血，清洗、消毒伤口后，贴上创可贴或者扎上绷带，很快就能止血。
2. 如果出血较多、伤口较深，首先用干净的纱布、毛巾等进行压迫止血，然后在老师的帮助下简单包扎。
3. 如果出血不止，尝试用更大的力量持续压迫伤处。若仍然无效，立即拨打120急救电话或直接去医院就诊。

注意事项

1. 不能把香灰、泥土或面粉等不洁物洒在伤口上止血。
2. 被不洁物品扎伤造成的小而深的伤口，即使不出血，也容易被细菌感染，一定要请老师或校医帮忙消毒处理。
3. 如果压迫伤口5分钟后仍未止血、伤口深或创口大、有污物在伤口里或受伤处没有知觉，要立即前往医院救治。

轻微出血清创口，干净毛巾掌根压。
包扎创面防感染，凡有顾虑去医院。

2 异物入眼及时治

课外活动时，小雨和苗苗在攀爬架旁聊天，旁边还有几个同学在玩耍。贝贝猛地窜上了攀爬架，脚底沾的沙子扬在了小雨脸上，小雨大叫一声，使劲用手揉起了眼睛。苗苗也被沙子撒了一头，好在沙子没有进眼睛。她用力拉住小雨揉眼睛的手说："千万不可以揉眼睛，走，去医务室找秦老师!"

医务室里，秦老师用两根手指捏住小雨的上眼皮，轻轻向前提起，往眼内吹气，刺激眼睛流泪冲出沙子……

急救小课堂

异物进入眼睛，最明显的表现就是流眼泪、无法睁眼、眼睛红肿，严重的可能会导致视力下降或完全丧失视力。

让我来帮你

1. 异物入眼应先闭上眼睛，眼睛受到刺激会自然流泪，此时再慢慢睁眼眨几下，通常异物会被眼泪冲洗出来。

2 如是沙尘类异物入眼，可以轻提上眼皮对眼睛吹气，刺激眼泪流出；如果能看见异物，可以用干净纱布或棉签轻轻沾出异物。

3 如果眼泪不能将异物冲出，可以把脸浸入一盆干净的水中，在水里眨几下眼睛，也可以用瓶装水或生理盐水冲洗眼睛。

4 如果异物不能用上述方法去除，应立即去医院处理。

5 如有化学品溅入眼睛，立即用大量清水冲洗15分钟以上，同时尽快前往医院。

注意事项

1 异物入眼后，千万不能揉眼睛，否则异物可能擦伤或者嵌入角膜，造成更严重的损伤。

2 冲洗眼睛时，进入异物的那只眼睛应稍低一些，不要让水流入另一只眼睛。

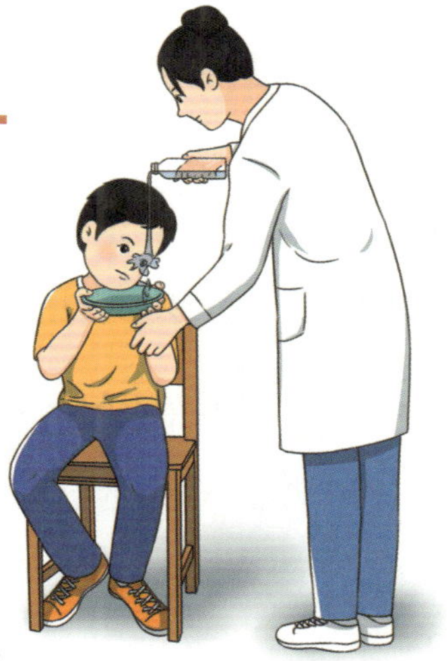

冲洗眼睛

异物入眼不可揉，轻提眼皮轻轻吹。
流泪冲洗最优选，处理不了找医生。

3 鼻子出血别紧张

语文课上，陈老师正在上诗歌鉴赏课，同学们听得津津有味，专注极了。突然，教室里传来一声惊呼："老师，我流鼻血了！"陈老师和同学们转头看去，原来是乐乐的鼻子出血了，只见他仰着头，用手捂着鼻子。陈老师快步走到乐乐面前，让他低下头，并用手捏住他的鼻翼，并请同学送他去了医务室。教室里又恢复了平静。

鼻子出血不紧张

急救小课堂

鼻出血其实是鼻子里面的血管破了，血可能向前从鼻孔流出，也可能向后流被咽下；有可能是鼻子一侧出血，也可能是两侧出血；可能是偶尔发生，也可能是经常发生。遇到鼻出血不用慌张，简单几步就可以止血。

让我来帮你

1. 保持冷静，先找个地方坐下来，低下头。
2. 用手捏住鼻翼10分钟，保持嘴巴呼吸。
3. 如果感觉有血流到嘴巴里，要吐出来，不过咽下去了也不要紧。

正确与错误的方法

4. 尽快去医务室，寻求校医的帮助。
5. 如果10分钟后还没有止血，就要去医院寻求医生的帮助。

注意事项

1. 平时不挖鼻，不揉鼻，不用力擤鼻涕。
2. 不能往鼻孔里塞东西。
3. 天气干燥时，注意室内保暖、保湿，外出可以戴上口罩。
4. 多吃蔬菜瓜果，经常运动，提高身体免疫力。

鼻子出血别紧张，低头捏鼻坐下来。
平时预防最重要，血流不止找医生。

4 牙齿脱落这样做

脱落的牙齿泡在牛奶里

学校的秋季运动会正在如火如荼地进行中。50米短跑的赛场上，运动健将明明勇往直前，贝贝也不甘示弱，大家为了班级荣誉，你追我赶。在接近终点时，贝贝突然重心不稳，猛摔在地，顿时感到嘴巴里好像有什么东西掉了。贝贝吐了口口水，只见一颗牙齿掉在地上。校医秦老师赶紧跑过来检查贝贝的情况，她迅速捡起掉落的牙齿，用清水冲掉沙粒，放入鲜牛奶中，赶紧带贝贝去了医院。

急救小课堂

在所有的牙齿中，最容易受伤脱落的是大门牙和门牙两侧的牙齿。我们的牙齿外部是硬质的牙冠，内部是牙髓，里面分布着血管和神经。换牙以后，虽然牙齿是恒牙了，但在成年之前，恒牙的牙根还能继续生长，因此牙齿意外脱落，还是有可能重新“种”回去的，所以我们要保护好掉落的牙齿。

让我来帮你

1. 被连根撞掉的牙齿或者是断掉的牙齿，一定要及时捡回来。
2. 用凉开水或清水冲去牙齿上的沙粒等脏污，千万不能刷刮牙根部。
3. 牙齿冲洗干净后泡在生理盐水或新鲜的牛奶里。
4. 尽快到医院就诊，最佳植入时间是半小时，最好不要超过2小时。

注意事项

1. 牙齿受到外伤后，即使没有脱落，也需要去医院检查，因为可能在数月后出现问题。
2. 不要把脱落的牙齿直接放入牙窝里，也不要放在手里、包在纸巾里或者放在空瓶子里。
3. 如果怀疑吸入了碎齿导致呼吸困难，应拨打120急救电话。

运动防护要做好，牙齿脱落满地找。
正确冲洗保护好，立即就医可种牢。

5 骨折处理需谨慎

还记得足球比赛场上，面对迎面而来的足球，拼尽全力将球扑出去的守门员小成吗？他因为身体失去重心狠狠地摔在地上，撑地的左手腕变形。校医秦老师检查后发现，小成的手腕疑似骨折，秦老师急忙用夹板做好固定，带小成去医院了。

急救小课堂

骨折是指因为外伤或其他疾病造成的骨质连续性中断，通常表现为疼痛、肿胀、活动障碍等。骨折分为闭合性和开放性两大类，开放性骨折是指骨折部位的皮肤破损，骨折的断端与外界相通，这种骨折要特别注意防止感染。严重的多发性骨折还可能导致休克，危及生命。

让我来帮你

1. 如果现场环境安全，不要移动发生骨折或疑似发生骨折的伤员。

2. 开放性骨折的伤口可能有大量出血，可以用无菌敷料或毛巾压按止血。
3. 用夹板对骨折处进行临时固定，防止骨折断端活动刺伤神经、血管，造成进一步损伤，也可以减轻疼痛。

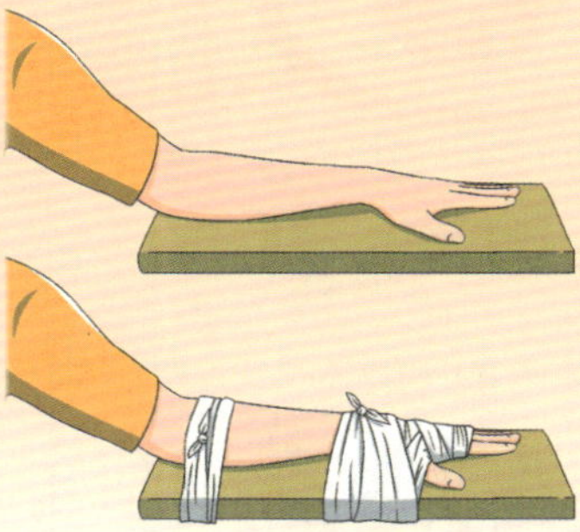

注意事项

1. 如果现场没有夹板，可以就地取材，如用木板、竹片、直尺、杂志、擀面杖等都可以。
2. 将夹板固定在受伤的肢体部位，支撑受伤的部位；固定时不要移动，避免造成骨折断端移位。
3. 如果使用的是硬质夹板，需要在夹板和皮肤之间平整地垫上衣服或毛巾等柔软物。

运动防护最要紧，怀疑骨折需固定。
就地取材小夹板，保护患肢去医院。

6 运动扭伤巧急救

“叮铃铃”，上课铃声响起了，还在操场上玩儿的天天一惊，赶紧往教室跑，可是越跑越着急，下台阶时一不小心崴脚了。她疼痛难忍，一蹦一跳地去了医务室。

秦老师检查后发现天天的脚踝肿起来了，立刻对受伤部位进行冰敷，并赶紧通知她妈妈带她去医院。医生为天天拍了片子，还好没有骨折，嘱咐她回家平躺休息。

急救小课堂

扭伤是指四肢关节或身体的软组织损伤，但没有骨折、脱臼、皮肉破损。扭伤经常发生于踝关节、膝关节和腕关节，大多是运动时发生的崴脚、崴手、闪腰等。扭伤部位会疼痛、青紫、肿胀，严重时会活动受限。

让我来帮你

牢记RICE原则。

- R：休息；
- I：受伤24小时内冰敷；
- C：压迫，可以用弹力绷带止血、消肿，同时也起到固定作用；
- E：抬高伤部，减少肿胀。

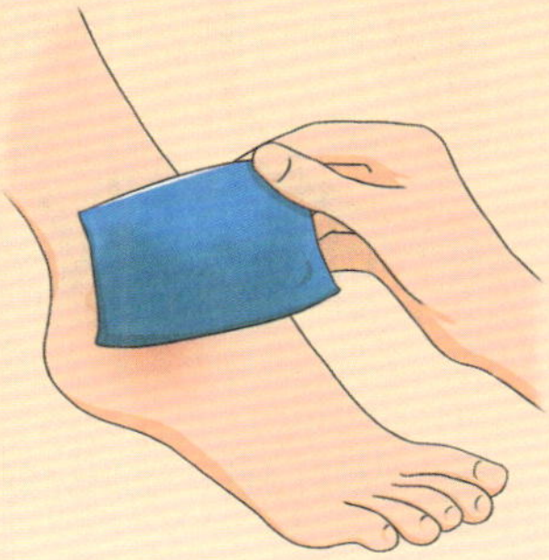

冰敷受伤部位

注意事项

1 扭伤后要注意休息，避免加重损伤。

2 扭伤的24小时内，将冰袋用毛巾包裹后冰敷扭伤处，每次冰敷20—30分钟，每两三个小时可以重复一次。

3 扭伤48小时后改用热敷，促进局部血液循环。

4 若扭伤后疼痛、肿胀越来越严重，应去医院检查是否有骨折或其他问题。

关节扭伤记RICE，休息冰敷早开始。
制动抬高少肿胀，万一严重要拍片。

7 脊柱损伤别大意

同学们正在操场上打篮球。突然，乐乐被明明撞了一下，一屁股坐到了地上，腰椎处顿时感到剧烈疼痛，动弹不得。明明正要去拉乐乐，一旁的欣欣立刻制止了他，说道：“不行，别动他，他可能伤到了脊柱，我们去叫秦老师吧！”

秦老师带着颈托和担架赶来，询问了情况，检查了乐乐的伤情，她没有移动乐乐而是直接拨打了120急救电话。这是为什么呢？

急救小课堂

脊柱位于人体背部的正中，是支撑身体、保护神经系统的关键结构。脊柱骨折脱位，可能会损伤脊髓，如果处理不当会造成截瘫，甚至死亡。

让我来帮你

1. 脱离危险环境，特别是因地震、车祸等发生的意外，首先应将压在伤者身上的东西搬开。
2. 一旦怀疑伤者脊柱受伤，应立即拨打120急救电话。
3. 颈部损伤，需要通过专业手法固定搬运伤者。小学生缺乏专业知识，为避免因挪动伤者造成二次损伤而加重伤势，不要搬动伤者。

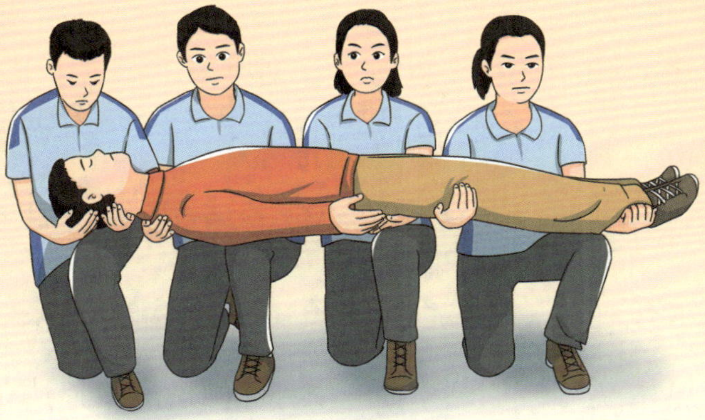

专业人员搬运脊柱骨折的伤者

注意事项

非专业人员不能随意搬动伤者，应就地等待医务人员救援。

脊柱受伤不要动，随意搬动会丧命。
立即拨打120，等待专业医生到。

8 烧伤烫伤怎么办

用流动水冲洗

五年级的小雨跟着妈妈去旅行，在车站等车时，小雨自告奋勇去打开水。她拿着保温杯来到热水器旁，排队打开水的人比较多。终于轮到小雨了，她解开了热水器的保险，小心翼翼地把水注入杯子。水杯很快就要满了，小雨一着急找不到关水按钮了，迟疑间，滚烫的水溢了出来，小雨手忙脚乱，结果被热水烫了一下，手一下子就红了。旁边的一个阿姨赶紧带着小雨来到洗手间用冷水冲烫伤的地方……。慢慢地，小雨的手不疼了，还好没有起水疱。

急救小课堂

烧伤是因热力、电流、放射线、化学物质等引起的皮肤或黏膜损伤，严重的可能伤及肌肉、骨和内脏。烫伤是由热液、蒸汽等所引起的组织损伤，是热力烧伤的一种。日常生活中最常见的是开水、热汤、热油、蒸汽烫伤或火焰烧伤。

让我来帮你

1. 被烧伤或烫伤后，应尽快脱离热源，离开现场。
2. 立即用冷水冲洗烧伤部位10分钟以上；无法冲洗时，可以用冷敷，但不可以用冰块直接敷受伤部位，以免被冻伤。
3. 冷却后小心除去衣物，不可以随意扯下烧烫伤部位的异物，防止造成更严重的损伤。
4. 一般烫伤，即刻处理后疼痛会减轻；如果皮肤有破损，要用干燥、不粘皮肤的无菌或清洁敷料覆盖创面。
5. 如果衣服着火，可躺下翻滚或盖上湿毯子。
6. 大面积烧伤应立即拨打120急救电话，或以最快的速度赶到医院。

注意事项

1. 避免靠近火炉、暖气等热源，不使用电器时及时拔掉电源。
2. 注意“暖宝宝”之类的保暖用品造成的低温烫伤。
3. 不要用牙膏、酱油、芦荟胶或非烧烫伤药膏涂抹烧烫伤创面。
4. 不可以自行挑破水疱。

烧伤烫伤要预防，一旦发生冷水冲。
多说几遍不为过，烧烫伤后冷水冲。

第五章

急救常识小测试

一、填空题

1. 我国的急救电话是__________，报警电话是__________，火警电话是__________。

2. 发现有人心脏骤停，我们应立即呼喊求助，同时启动高质量的____________________。

3. AED的全称是____________________。

4. 关于正确的洗手方法，我们有一句口诀，即__________。

5. 如果受伤出血量比较大，首先要止血，可以__________止血。如果出血不止，可尝试用__________持续压迫伤处。

二、单项选择题

1. 当同学发生低血糖时，下列哪种行为不能帮到他？（　　）

A. 给他喝白开水　　B. 给他喝糖水

C. 给他吃巧克力　　D. 给他吃馒头

2. 下列哪项不是过敏的常见症状？（　　）

A. 连续打喷嚏　　B. 皮肤红肿

C. 嗓子痒　　D. 发烧

3. 上学期间呕吐、腹泻后，下列做法哪个是正确的？（　　）

A. 正常在学校上课　　B. 积极参加社团活动

C. 立即远离被污染的地方　　D. 自己清理呕吐物、排泄物

4. 下列有关蜂类蜇伤的说法，正确的是（　）

A. 为了制作标本用手去抓蜜蜂

B. 为避免被蜜蜂蜇伤，用手驱赶蜜蜂

C. 用手将蜂刺挤压出来

D. 在不清楚是什么蜂蜇伤的情况下，用大量清水冲洗伤口

5. 下列处理运动扭伤的方法，正确的是（　）

A. 继续活动减少肿胀　　B. 24小时内热敷

C. 用弹力绷带固定伤处　　D. 低垂伤处

三、判断题

1. 鱼刺卡喉时，可以吞咽米饭或大块馒头把鱼刺咽下去。（　）

2. 为了不让癫痫发作的同学咬到舌头，老师把手指放进他的嘴巴里。（　）

3. 夏天游泳不必先做准备活动。（　）

4. 哮喘发作可以使用患者常备的气雾剂。（　）

5. 发烧了应该在家休息，有医生的指示才能返回学校上课。（　）

6. 上下楼梯靠右走。（　）

7. 拔插头不可只拉电线。（　）

8. 不要等口渴了才喝水，出汗多时可以适当喝一些淡盐水。（　）

9. 用雪搓揉冻伤部位，可以增强免疫力。（　）

10. 发生火灾时，应立即采取撤离行动，沿着安全通道逃生。（　）

四、问答题

1. 乐乐在大扫除时不小心划破了手，鲜血直流，此时应如何处理？

2. 外婆在家煮饭时，被蒸汽烫到了手腕，你正好在家，你会怎么办？

五、拓展题

1. 试着在学校、地铁站、商场等地方寻找AED，并与同学交流分享AED的位置。

2. 在老师的指导下，尝试用心肺复苏训练模拟人和AED模拟器（训练机），练习心肺复苏。

答案

一、填空题

1. 120　110　119　　2. 心肺复苏　　3. 自动体外除颤器

4. 内外夹弓大立腕　　5. 压迫　　更大的力量

二、单项选择题

1.A　2.D　3. C　4. D　5.C

三、判断题

1. ×　2. ×　3. ×　4. √　5. √

6. √　7. √　8. √　9. ×　10. √

四、问答题

1. 对于擦破皮、轻微划伤的出血，可用流动水清洗伤口并压迫伤口5分钟，很快就能止住血，止血后贴上创可贴。如果出血较多、伤口较深，压迫伤口5分钟后仍不能止血，应在老师的帮助下止血，并且立即拨打120急救电话或直接去医院就诊。

2. 请外婆立即用冷水冲洗烫伤处至少10分钟以上。疼痛减轻后，如皮肤无破损则不需要包扎。如有水疱，不可以自行挑破，可以用干燥、不粘皮肤的无菌或清洁纱布覆盖保护。

五、拓展题

略